GREVE ESCOLAR
PELO
CLIMA

O selo Seguinte pertence à Editora Schwarcz S.A.
Grafia atualizada segundo o Acordo Ortográfico da Língua Portuguesa de 1990, que entrou em vigor no Brasil em 2009.

CAPA E PROJETO GRÁFICO Carol Rossetti e Gabriel Nascimento
LETTERINGS Carol Rossetti
CONSULTORIA Giselle Christina
CHECAGEM Érico Melo
PREPARAÇÃO Cris Yamazaki
REVISÃO Carmen T. S. Costa e Natália Mori Marques

PROAC PROGRAMA DE AÇÃO CULTURAL SÃO PAULO
GOVERNO DO ESTADO DE SÃO PAULO
Secretaria de Cultura e Economia Criativa

Dados Internacionais de Catalogação na Publicação (CIP)
(Câmara Brasileira do Livro, SP, Brasil)

Kalil, Angélica
Amigas que se encontraram na história : Volume 2 / Angélica Kalil ; ilustrações de Amma. – 1ª ed. – São Paulo : Seguinte, 2022. – (Amigas que se Encontraram na História ; 2)

ISBN 978-85-5534-216-5

1. Amizade – História 2. Personalidades – Biografia I. Amma. II. Título. III. Série.

22-112044 CDD-920

Índices para catálogo sistemático:
1. Personalidades : Biografia 920
Eliete Marques da Silva – Bibliotecária – CRB-8/9380

[2022]

EDITORA SCHWARCZ S.A.
Rua Bandeira Paulista, 702, cj. 32
04532-002 – São Paulo – SP
Telefone: (11) 3707-3500
www.seguinte.com.br
contato@seguinte.com.br

Texto de
ANGÉLICA KALIL

Ilustrações de
AMMA

Amigas que se encontraram na história
Vol. 2

SEGUINTE

Amigas mudam o mundo!

TAPPUTI

& NINU

Perfumista-chefe de uma das maiores Civilizações da Antiguidade. Era responsável pela elaboração de bálsamos e óleos para o rei e sua família, além de produtos aromáticos para as cerimônias religiosas.

Perfumista que exercia um cargo muito valorizado em sua comunidade e era remunerada por isso. Seu nome completo se perdeu no tempo, mas seus feitos permanecem como registros fundamentais da história da ciência.

TAPPUTI

Babilônia (atual Iraque), *c.* 1200 a.C.

NINU

Babilônia (atual Iraque), *c.* 1200 a.C.

1200 a.C.

Tapputi e Ninu viveram há mais de 3 mil anos e foram as primeiras pessoas documentadas na história como engenheiras químicas. As duas foram perfumistas do Palácio Real da Babilônia — era uma função de grande prestígio na época. Suas fórmulas eram usadas em rituais, tratamentos médicos, aromatização de ambientes, higiene pessoal e também para marcar acontecimentos na vida do soberano.

Não sabemos se elas nasceram na Babilônia ou vieram de regiões próximas, onde as mulheres também tinham tradição nesta atividade. Mas é certo que trabalharam juntas, ganharam bem, dominaram processos técnicos extremamente complicados e tiveram muito reconhecimento. O talento feminino nessa área vem, provavelmente, da cozinha — um dos espaços domésticos para onde a mulher historicamente foi relegada e também um dos principais laboratórios científicos da humanidade.

Tapputi dominava várias técnicas de destilação e foi responsável por inovações revolucionárias, como o uso de álcool de cereais para diluir as essências. Por isso, os perfumes elaborados por sua equipe eram bem suaves e apresentavam notas mais brilhantes que as de outros perfumistas. Também duravam muito mais tempo na pele.

As informações sobre essas duas amigas estão registradas numa tábua com escrita cuneiforme, que foi criada pelos sumérios, povo que vivia na região da Mesopotâmia nessa época, e marcada na argila com uma ferramenta em forma de cunha. Foi assim que ficamos sabendo o nome completo de Tapputi-Belatekallim, que indica que ela tinha um cargo alto no palácio. Já o começo do nome de Ninu está ilegível — parece que, sem querer, alguém amassou demais o barro naquele lugar...

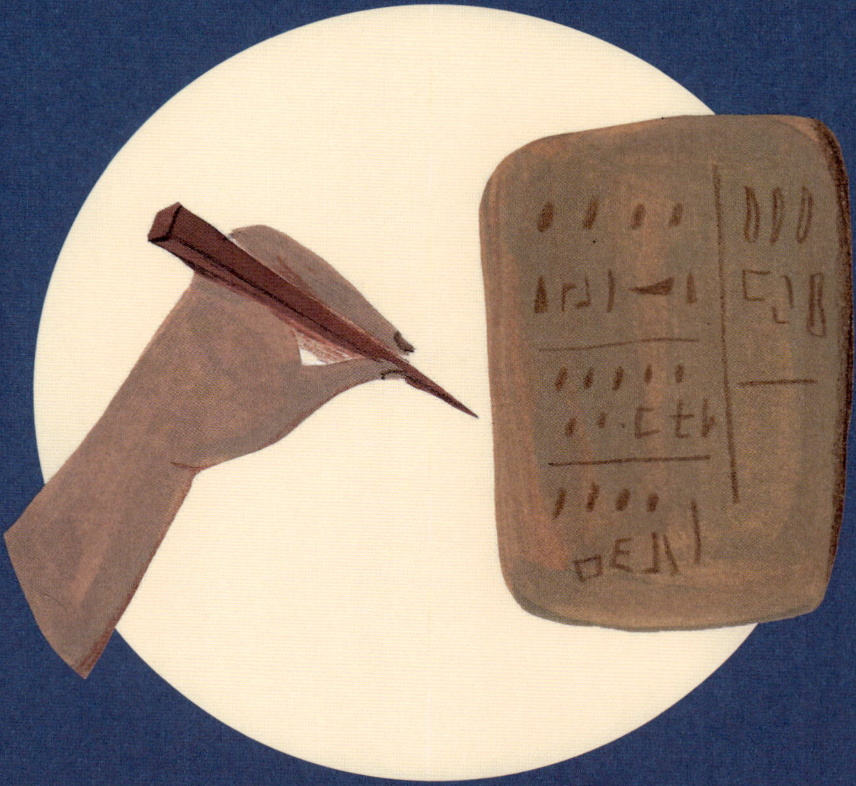

UNGUENTO perfumado PARA O REI DA Babilônia

de: Tapputi-BelateKallim

INGREDIENTES

água
flores
cálamo
mirra
óleo

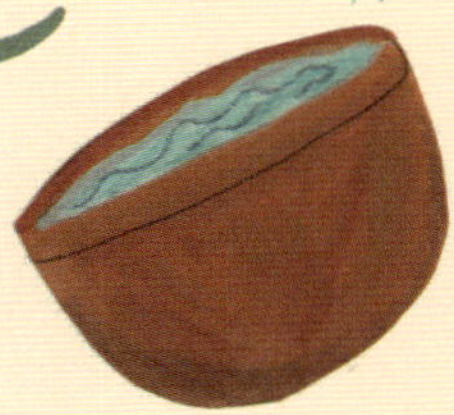

Ninu é autora de um tratado sobre fabricação de perfumes que não chegou até nossa época. Mas sabemos da existência dele porque foi citado em outras tábuas arqueológicas — é o que os historiadores chamam de “fontes secundárias”.

Mesmo assim, podemos ter uma ideia de como eram feitas essas substâncias graças a uma receita que sua amiga Tapputi criou para o rei e que resistiu à passagem dos milênios.

O IMPÉRIO DA **Babilônia**
FOI ERGUIDO NA MESOPOTÂMIA — QUE SIGNIFICA
"terra entre rios," POR SE LOCALIZAR ENTRE
OS RIOS **TIGRE** & **EUFRATES**, NO ORIENTE
MÉDIO. ESSA REGIÃO É CONSIDERADA
UM DOS BERÇOS DA
civilização.

Você já ouviu falar dos
JARDINS SUSPENSOS DA BABILÔNIA?

UMA DAS SETE MARAVILHAS DO MUNDO ANTIGO, ELES FORAM CONSTRUÍDOS VÁRIOS SÉCULOS DEPOIS DE TAPPUTI E NINU.

TAPPUTI E NINU

PROVAM O QUE JÁ SABEMOS:

NUNCA FOMOS *coadjuvantes na história.*

As mulheres sempre fizeram ciência.

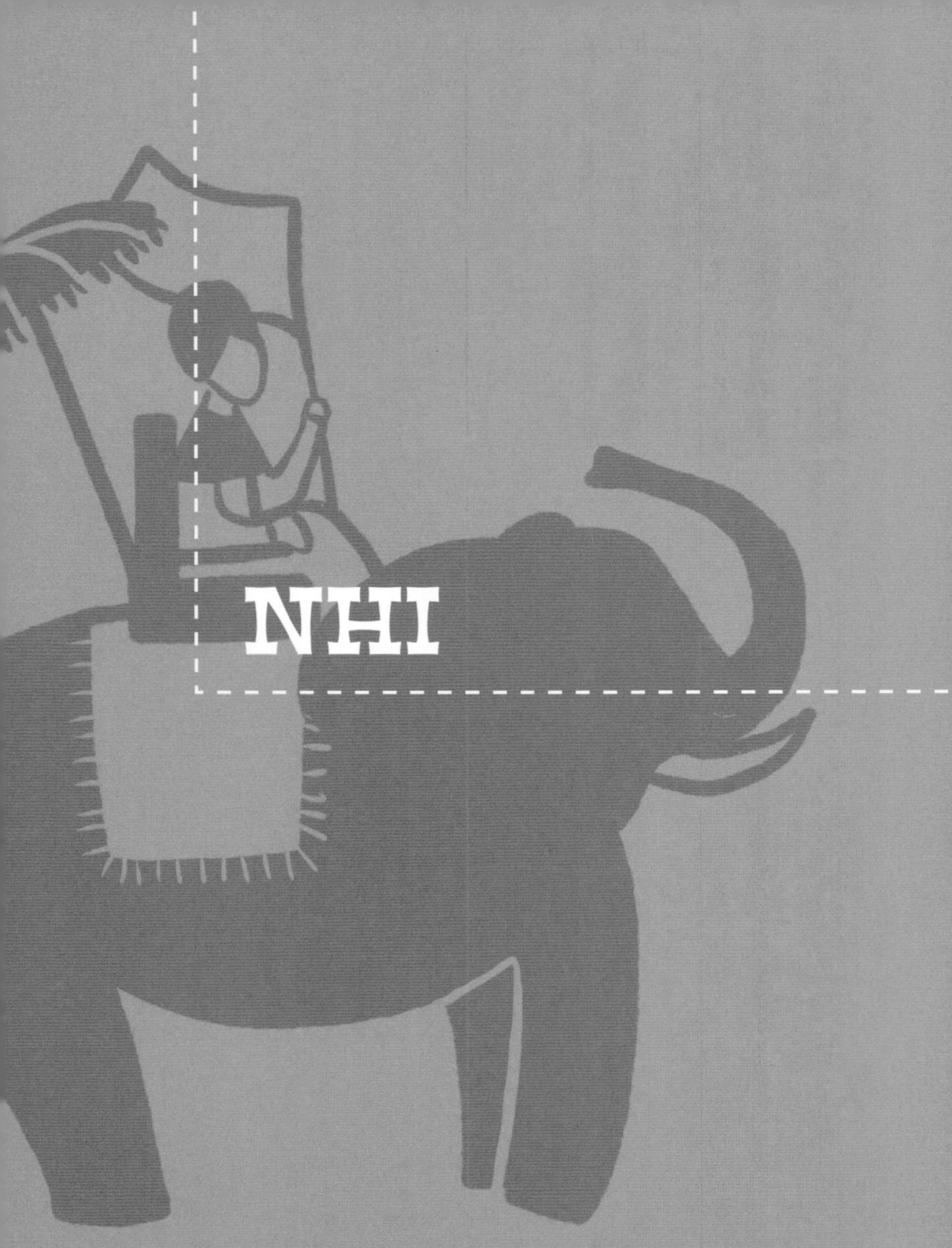

NHI

& Trac

A irmã mais nova. Viveu numa época muito distante, num lugar onde as mulheres tinham liberdade para serem quem quisessem: políticas, comerciantes, artistas... O que ela escolheu? Defender este modelo de civilização.

A irmã mais velha. Dona de uma capacidade incrível de liderança e argumentação. Teve coragem de lutar contra um dos maiores impérios do seu tempo, liderando um exército no qual as mulheres também ocupavam cargos de comando e decisão.

NHI TRUNG

Vietnã, *c.* 15-43 d.C.

TRAC TRUNG

Vietnã, *c.* 15-43 d.C.

39 D.C.

As irmãs Nhi e Trac nasceram numa família da aristocracia, não se sabe ao certo em que ano, há vinte séculos. Na cultura de seu povo, os direitos das mulheres e dos homens eram parecidos. Bem diferente do que acontecia nas sociedades vizinhas — entre elas a poderosa e superpatriarcal China, que insistia em tentar dominar a região onde as irmãs viviam. Revoltadas, as duas comandaram uma rebelião e botaram os chineses para correr. Durante três anos de resistência, aboliram os impostos, incentivaram a cultura local e incluíram vários outros povoados em seu sonho de civilização.

As irmãs Trung lutavam em cima de elefantes, com uma espada em cada mão, ao lado de soldados e soldadas. Até a mãe delas participava!

Quando se proclamaram rainhas, no delta do rio Vermelho, tinham por volta de vinte anos.

Esta história sobrevive há dois milênios, apesar de muitos historiadores tentarem minimizar as conquistas ou ridicularizar

os feitos das irmãs Trung, o que certamente não fariam se elas fossem os *irmãos* Trung.

Lendas, poemas, peças teatrais e filmes sobre as duas nos lembram que liberdade é um valor que precisa ser sempre defendido.

Hoje, as irmãs Trung são heroínas em seu país. O nome delas está em ruas, templos e escolas.

Chegou o dia em que

A CHINA VENCEU.

MAS A DERROTA

nem sempre é

um fracasso.

O VIETNÃ

NÃO SERIA O MESMO

SEM OS IDEAIS DAS

IRMÃS TRUNG.

OLYMPE

& SOPHIE

Escritora e dramaturga, ela sempre esteve na vanguarda. Pagou um preço altíssimo por defender com unhas e dentes a participação das mulheres na política. É considerada uma das primeiras ativistas feministas.

Rica e letrada, usou seu lugar de privilégio para lutar pelas mudanças em que acreditava. Incrivelmente carismática, inteligente e bem relacionada, dedicou seus vários talentos a uma das revoluções mais importantes da história.

OLYMPE DE GOUGES

França, 1748-1793

SOPHIE DE CONDORCET

França, 1764-1822

1789

O salão de Sophie era um dos mais badalados de Paris. Olympe estava sempre na lista de convidados e não perdia as reuniões por nada neste mundo. Eram encontros agitados, com pessoas conversando sobre arte, ciência e política.

Do lado de fora, havia um país brutalmente desigual. Enquanto a maioria da população passava fome, o rei, a rainha, a nobreza e o clero esbanjavam a riqueza da França e de suas colônias com luxo e ostentação. A enorme injustiça social foi a principal alavanca de um movimento que ficou conhecido como Revolução Francesa e teve a participação da burguesia e do povo. Três palavras serviam como lema: *liberté, egalité, fraternité*, ou seja, liberdade, igualdade e fraternidade. Olympe e Sophie se engajaram nessa luta, assim como várias outras francesas, pois acreditavam que esses ideais também se estendiam às mulheres. Estavam redondamente enganadas.

Olympe escrevia sem parar. Redigiu peças teatrais, panfletos e cartazes que mandava espalhar pela cidade, gastando todo o dinheiro que tinha. Suas palavras defendiam o direito das mulheres ao divórcio, a receber herança e a trabalhar em qualquer posto. Abolicionista ferrenha, em suas peças queria atores negros — e não atores brancos com o rosto pintado, prática racista que hoje conhecemos como *black-face*. Também era totalmente contra a pena de morte e os assassinatos em praça pública que marcaram a queda da monarquia e o início da República francesa.

Quando os revolucionários publicaram a Declaração dos Direitos do Homem e do Cidadão, em 1789, Olympe ficou indignada. A revolução deixou as mulheres de fora quando chegou ao poder. Pelo texto, só era considerado cidadão quem tinha nascido homem, branco e com posses. Em resposta, ela usou sua pena afiada para escrever a:

DECLARAÇÃO DOS *direitos* DA MULHER E DA *cidadã*, NA QUAL DEFENDIA A *igualdade de gênero*.

Por essas e outras, Olympe foi presa e guilhotinada.

O mundo parecia estar mudando, movido pelos ideais iluministas, que colocavam a razão e o conhecimento acima das crenças da Igreja.

Intelectuais e artistas viviam cheios de novas ideias.

Foi um período de inovações, como o primeiro balão que alçou voo tripulado por seres humanos, em 1783. O acontecimento foi acompanhado pela população de Paris, e Sophie estava lá, olhando para o céu.

Sophie era inteligentíssima, muito bonita e cheia de amigos.

Fluente em inglês e italiano, ela traduziu obras importantes para o francês. Junto com o marido, escreveu um documento defendendo os direitos civis às mulheres, inclusive o direito de votar — que ainda levaria mais de um século para ser conquistado na França. Em seus escritos, Sophie também abordou a importância da empatia e da amizade.

Além disso, era uma excelente pintora, e, ao se ver sem dinheiro e viúva depois do Período do Terror da Revolução Francesa — quando os revolucionários perseguiram e guilhotinaram qualquer um que fosse considerado oponente —, conseguiu sobreviver e sustentar sua filha fazendo retratos nas ruas de Paris.

Olympe & Sophie
VIVERAM NO OLHO
de um
FURACÃO.
MAS NUNCA TEMERAM
A
tempestade.

ELAS ACREDITAVAM
NO
NOVO TEMPO
QUE ESTAVA POR VIR.

ALEXANDRA

& clara

Vinda de uma família da elite agrária, lutou pelos direitos das mulheres trabalhadoras: salários iguais aos dos homens, creches para deixarem seus filhos e condições de vida dignas dentro e fora de casa.

Escreveu, debateu e se manifestou muito. Esta professora, jornalista e militante política viveu num período turbulento.

Pautou sua vida pela palavra "igualdade", que, aliás, foi o nome de um jornal que fundou.

ALEXANDRA KOLLONTAI

Rússia, 1822-1952

CLARA ZETKIN

Alemanha, 1857-1933

1910

As mulheres como Alexandra e Clara não aguentavam mais esperar. Queriam votar, participar da política, estar nos lugares de decisão, pensar no futuro de seus países. E, mais do que isso, acreditavam que poderiam mudar o rumo da humanidade — que não ia nada bem, diga-se de passagem, com um período de guerras se aproximando.

As duas estavam na II Conferência Internacional das Mulheres Socialistas, que aconteceu em Copenhague, na Dinamarca. Clara propôs a criação de uma data que marcasse a luta das mulheres no mundo inteiro, e todas as mais de cem delegadas presentes, vindas de dezessete países, aprovaram a proposta. Depois, Alexandra escreveu um artigo chamado "Dia da Mulher", onde defendia a importância do que viria a ser o nosso Oito de Março.

O DIA DA MULHER COMEÇOU A reunir PESSOAS em várias partes do mundo.

1911 — Manifestações na Áustria, na Dinamarca, na Suíça e nos Estados Unidos.

1914 — Na Alemanha, protesto com foco no direito ao voto feminino.

1917 — No dia 8 de março, as mulheres da Rússia formaram uma multidão nas ruas contra a participação do país na Primeira Guerra Mundial, a fome e os baixos salários. Essa manifestação, que ficou conhecida como Pão e Paz, foi o estopim da Revolução Russa, em outubro do mesmo ano, que derrubou o czar e a monarquia absolutista — e que levou à formação da União Soviética, primeiro país socialista do mundo.

1975 — A Organização das Nações Unidas (ONU) estabeleceu o Ano Internacional da Mulher e realizou a I Conferência Mundial da Mulher.

1977 — A ONU instituiu oficialmente o Oito de Março como Dia Internacional da Mulher.

Hoje — O Dia da Mulher faz parte do calendário de ativistas de todo o planeta. Mas é importante lembrar: apesar de já termos grandes conquistas, ainda temos muito pela frente.

Alexandra & Clara TINHAM UMA *amiga* INCRÍVEL EM COMUM:

ROSA LUXEMBURGO

(POLÔNIA, 1871-1919)

ELA TINHA UMA

MENTE BRILHANTE

E ERA COMPLETAMENTE

DESTEMIDA

Suas causas:

a democracia, os direitos da classe operária, o antimilitarismo e o pacifismo.

E EM TODAS AS MANIFESTAÇÕES ONDE AS mulheres SE ERGUEM, AINDA HOJE.

O
Ativismo
DESSAS DUAS
amigas
DUROU PARA
Sempre

Gerda

& LILI

As mulheres foram o principal tema de sua obra. Pintora de sucesso, teve reconhecimento, vivia em festas e desafiava a ordem estabelecida. Não se privou de viver como achava certo e promoveu sua própria revolução através de suas telas.

Foi a primeira pessoa, que se tem registro, a fazer cirurgia de redesignação sexual. Nas memórias que deixou escritas, revelou sua jornada de heroína e a importância de viver de acordo com a sua verdade.

Gerda Wegener

Dinamarca, 1886-1940

LILI ELBE

Dinamarca, 1882-1931

1931

Lili foi uma mulher trans numa época em que a medicina ainda não estava preparada para dar lhe dar todo o suporte necessário. As pessoas que não se identificavam com o gênero que lhes foi atribuído ao nascer tinham pouquíssimos procedimentos a recorrer; e os que havia disponíveis eram novos e extremamente arriscados. Mesmo assim, Lili resolveu encarar. Como ela conseguiu realizar seu sonho? Com o apoio da não menos corajosa Gerda. As duas continuaram casadas e felizes mesmo depois de Lili revelar a Gerda seu entendimento sobre si mesma. Passado um tempo, elas se separaram, mas nunca deixaram de ser amigas e confidentes. E, mesmo após a morte de Lili, Gerda continuou a pintá-la em suas vibrantes obras de arte.

Gerda fazia trabalhos para diversas revistas da época. Suas telas estavam presentes em grandes exposições.

Seu principal tema: o cotidiano feminino. Mostrava mulheres em festas, nas ruas da cidade e em situações domésticas.

Sempre protagonistas, suas personagens pareciam mais preocupadas com a própria vida do que com o olhar masculino.

Em 1913, foi um escândalo: descobriram que a principal musa inspiradora de Gerda era Lili!

E que Lili era uma mulher transgênero numa época em que ainda nem existia essa palavra. Não deve ter sido fácil enfrentar o julgamento alheio, mas elas seguiram.

As duas aguentaram firme quando Lili começou a passar pelas cirurgias. Mas hoje não existem detalhes sobre esse processo, pois mais tarde o Instituto de Pesquisa Sexual, que cuidava de Lili, na Alemanha, foi incendiado pelos nazistas.

GERDA

CRIAVA OBRAS NO ESTILO
ART NOUVEAU,
TENDÊNCIA NA PINTURA,
ARQUITETURA & DECORAÇÃO
entre os anos 1890 e 1920.
ELA TAMBÉM GOSTAVA DE PINTAR
CASAIS DE MULHERES.

QUANDO NÃO QUERIA ASSINAR
SEU NOME,
DESENHAVA UMA
máscara preta
NUM CANTINHO DA TELA.

Lili gostava de PINTAR paisagens, mas diminuiu muito a produção quando fez a transição de gênero.

Para ela, as telas, tintas & paletas estavam relacionadas a sua vida anterior.

Gerda sempre aceitou
Lili como ela era.

Lili sempre aceitou
Gerda como ela era.

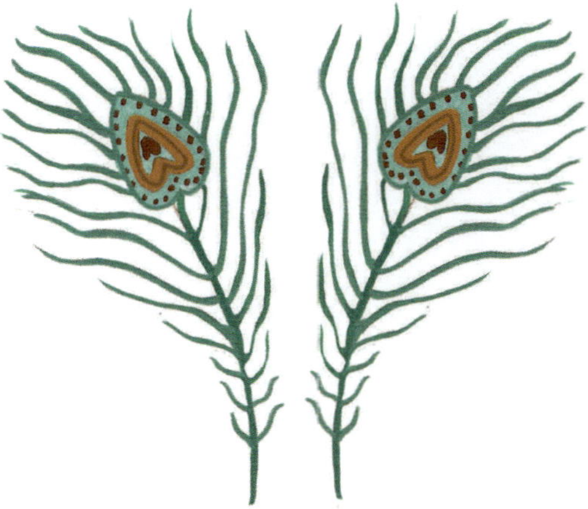

AS DUAS

OUSARAM VIVER SUAS

identidades

DE

MULHER.

FAITH

& JESSIE

Dona de um sorriso cativante, esta importante ativista dos direitos civis sabia como ninguém unir as pessoas em torno de uma causa. Foi uma grande oradora e usou a história da própria família para explicar a trajetória do seu país.

Tinha facilidade em fazer amigos e era defensora da justiça social e da paz entre os povos. Feminista até debaixo d'água, acreditava na importância da independência econômica: mulheres e homens deveriam ganhar salários iguais.

FAITH BANDLER

Austrália, 1918-2015

JESSIE STREET

Austrália, 1889-1970

1956

Sempre que o telefone tocava muito cedo ou muito tarde, Faith já sabia quem era. Naquele dia, como de costume, Jessie foi direto ao assunto com sua voz tranquila: "Para conseguir o que você quer, será necessário mudar a Constituição. Nosso ponto de partida deve ser uma petição com 100 mil assinaturas. É bom começarmos imediatamente!".

Faith era ativista contra a discriminação dos aborígenes da Austrália, povos originários que viviam no território quando os colonizadores europeus chegaram. Só que, de acordo com as leis que os invasores do país instauraram, os nativos não deveriam nem ser considerados no censo nacional. Era como se não existissem, como se não fossem pessoas.

Quando Faith nasceu, Jessie já estava na estrada lutando pelos direitos humanos fazia um bom tempo e tinha experiência nesse tipo de batalha. A diferença de trinta anos nunca foi empecilho para a amizade das duas. Ao lado de outras mulheres e homens que se aliaram à Sociedade Aborígene-Australiana, Faith e Jessie ajudaram a mudar a história da Oceania.

O pai de Faith foi escravizado, e saber o que ele viveu despertou seu senso de justiça.

Durante a Segunda Guerra Mundial, trabalhou com outras mulheres na colheita de cerejas. Ficou indignada ao saber que as aborígenes ganhavam menos do que todas as outras mulheres.

Seu nome em inglês quer dizer "fé".

Jessie tinha treze anos quando a Austrália se tornou o segundo país do mundo onde as mulheres conquistaram o direito ao voto, em 1902.

Ela *fez* parte do grupo de representantes que conseguiu que a palavra “mulheres” *fosse* incluída na Carta da ONU, documento que deu origem às Nações Unidas, em 1945.

Nos tempos da universidade, *foi* capitã do time *feminino* de hóquei.

Estima-se que os povos aborígenes vivem no lugar que hoje chamamos de **Austrália** há cerca de 60 mil anos. Devido aos massacres cometidos pelos ingleses, hoje são apenas **3%** da **população**.

Uma forma de resistência para eles é a ARTE, passada de geração em geração.

Suas PINTURAS costumam usar MUITAS cores e pontinhos para formar as IMAGENS.

São muito conhecidos pela habilidade com bumerangues.

Em sua cultura, a NATUREZA é SAGRADA e TODOS NÓS fazemos parte dela.

EM 1967,

depois de mais de dez anos

o

OBJETIVO FOI ATINGIDO.

OS DIREITOS DOS

povos aborígenes

ENTRARAM PARA A

CONSTITUIÇÃO

DA

Austrália.

Faith & Jessie
ERAM
INCANSÁVEIS!

ELIZETH

& sarah

Carioca da gema, foi uma das grandes vozes da MPB. Começou a cantar durante a era de ouro do rádio e interpretou canções de alguns dos nossos maiores compositores. Foi admirada por seu timbre carregado de emoção e por ser gentil e simpática.

Conhecida por sua voz grave e versátil, gostava de cantar jazz. Começou a carreira ainda nova, ao ganhar um concurso de talentos. Apaixonada pela cultura do Brasil, fez várias apresentações por aqui, sempre com a casa cheia.

ELIZETH CARDOSO

Brasil, 1920-1990

SARAH VAUGHAN

Estados Unidos, 1924-1990

1959

Sabe aquela amiga que puxa a gente para cima? Pois assim eram Elizeth e Sarah. Quando Sarah visitou o Brasil, as duas cantaram juntas em um programa de TV gravado no Rio de Janeiro. Foi assim que elas se conheceram.

Além da voz de veludo e da infância na periferia de uma cidade grande, Elizeth e Sarah tinham em comum o apelido: Divina! A brasileira costumava contar que ficava com muita vergonha quando a chamavam assim e tinha vontade de cavar um buraco para se esconder. Quando Sarah soube, foi enfática ao convencê-la de que o apelido era merecidíssimo, então Elizeth o adotou. Tudo isso sem que Elizeth falasse uma palavra em inglês e Sarah sem entender nada de português!

Antes de conseguir
trabalhar só como cantora,
Elizeth foi cabeleireira, operária,
vendedora e costureira.

Seu disco *Canção do amor demais*, gravado em 1958, é considerado o precursor da bossa nova. Esse estilo musical criado no Brasil ficou famoso no mundo inteiro.

Em 1964, interpretou a obra *Bachianas brasileiras nº 5*, do compositor erudito Heitor Villa-Lobos. As apresentações feitas no Theatro Municipal de São Paulo e do Rio de Janeiro deixaram todos de boca aberta.

Teresa, filha de Elizeth

Paris, filha de Sarah

Elizeth e Sarah adotaram suas meninas e foram mães solo.

Uma vez, Elizeth achou que a amiga precisava de umas roupas mais descoladas.

Foram direto para a loja dos estilistas que cuidavam do figurino da brasileira e...

SUCESSO TOTAL!

Nas capas dos discos seguintes de Sarah, lá estava ela arrasando com seus novos looks tropicais.

Quando adolescente,
Sarah fugia de casa para ver
apresentações e shows.

Interpretou composições de
grandes nomes da música estadunidense.
E gravou três discos com repertório
totalmente brasileiro.

Sua voz majestosa harmonizava
perfeitamente com os instrumentos.
Mas ela também era capaz de deixar
a plateia muda ao cantar à capela.
Foi o que fez no Theatro Municipal
do Rio de Janeiro, nos anos 1970,
quando interpretou sozinha a
canção "Summertime".

Elizeth e Sarah

TIVERAM CARREIRAS LONGAS E PRÓSPERAS.
ASSISTIRAM A MUITOS SHOWS
uma da outra.

ERAM

amigas

BEM-SUCEDIDAS

E REALMENTE

Divinas!

Lorraine

& Nina

Primeira mulher negra a ter uma peça encenada na Broadway, a famosa avenida em Nova York, nos Estados Unidos. Dramaturga e escritora, se interessou por teatro quando era adolescente e levou para os palcos sua luta contra o racismo.

A música clássica era sua paixão, mas ficou famosa como cantora e compositora de outros estilos: é considerada uma das grandes damas do jazz e do blues. Sua voz foi símbolo de um dos maiores movimentos sociais do século XX.

Lorraine Hansberry

Estados Unidos, 1930-1965

NINA SIMONE
Estados Unidos, 1933-2003

1963

Era inevitável que se tornassem melhores amigas. Nasceram na mesma época, no mesmo lugar e com o mesmo inconformismo batendo no lado esquerdo do peito. Quando estavam juntas, o papo era sobre filosofia e revolução. Lorraine e Nina foram ativas no movimento pelos direitos civis que tomou os Estados Unidos entre 1954 e 1968. As manifestações exigiam o fim da segregação racial imposta pelas pessoas brancas no decorrer da história do país.

Foi Lorraine quem acirrou a consciência política em Nina e deu à amiga a dica mais preciosa de todas: direcionar para a arte toda a raiva que sentia ao ver as injustiças contra a população negra. As canções de Nina se tornaram hinos de protesto, e até hoje nos impelem a não aceitar o que está errado.

Quando era criança, o pai de Lorraine comprou uma casa em um bairro onde só viviam pessoas brancas, e a família quase foi forçada a sair do imóvel.

Essa experiência a inspirou a escrever sua peça mais famosa, *O sol tornará a brilhar*, que ganhou vários prêmios.

Foi bem atuante na mobilização pelo direito à moradia digna e pelo fim dos despejos.

Em seu primeiro concerto de piano, aos doze anos, os pais de Nina foram obrigados a sentar nas fileiras do fundo, destinadas às pessoas negras. Nina se recusou a tocar enquanto eles não estivessem na frente.

Para ela, liberdade era não ter medo.

Sua vida pessoal, sua obra e seu ativismo político se misturam, servindo de exemplo para as mulheres que vieram depois.

A FORÇA DE Lorraine E DE Nina ESTAVA NA PALAVRA:

ESCRITA,
FALADA,
DECLAMADA,
CANTADA,
GRITADA!

Lorraine

foi madrinha da filha de Nina, Lisa.

Uma bebê embalada pela vanguarda intelectual da época.

Lorraine morreu ainda jovem.

Nina transformou uma peça inacabada da amiga na música "To be young, gifted and black".

Ser jovem, talentosa — e — negra.

cori

& NAOMI

Costuma estar entre as jogadoras mais jovens a vencer os campeonatos e torneios de que participa. Sonhava em ser atleta quando pequena e conseguiu: aos oito anos, escolheu o tênis. Aos quinze, já era um sucesso nas quadras e conhecida no mundo.

Uma das grandes estrelas do esporte mundial. O ativismo é uma de suas marcas e ela não tem medo de se posicionar publicamente contra o racismo e a xenofobia. Tem orgulho de sua origem multiétnica.

CORI GAUFF

Estados Unidos, 2004

NAOMI OSAKA

Japão, 1997

2019

De um lado da quadra estava Cori, atleta prodígio fazendo sua estreia no maior estádio de tênis do planeta, lotado de gente. Do outro estava Naomi, a número um do mundo, que lembrava bem da época não muito distante em que as duas treinavam no mesmo lugar. Naomi venceu o duelo e, na hora do tradicional cumprimento na rede, viu que Cori estava muito chateada por ter perdido. Foi então que convidou a rival — nas quadras — para quebrar o protocolo e participar da entrevista tradicionalmente feita apenas com a atleta vencedora.

Ao responder à jornalista, Cori chorou quando disse que aprendeu muito com Naomi durante o jogo. Naomi contou à repórter que achava Cori incrível. Foi emocionante para todos ver duas jovens jogadoras pondo em prática o verdadeiro espírito esportivo e reconhecendo a importância da trajetória de vida de cada uma. Uma cena linda transmitida ao vivo e que pode ser revista na internet.

O apelido de Cori é Coco.

Quando pequena, experimentou vários esportes: futebol, atletismo, ginástica, basquete...

Sua vida era tão dedicada ao esporte que uma vez, por causa de um campeonato, precisou fazer uma prova de ciências às onze da noite.

Gosta da Beyoncé, de filmes de super-heróis e de memes, claro.

O saque de Naomi pode chegar a 200 km/h.

Em 2020, foi a atleta feminina que mais ganhou dinheiro em todos os tempos.

Em plena pandemia de covid-19, jogou várias partidas usando máscaras com nomes de vítimas da brutalidade policial em apoio ao movimento Black Lives Matter (Vidas Negras Importam).

Em 2021, se afastou das quadras por um tempo para cuidar de sua saúde mental.

NÃO É DIFÍCIL DEDUZIR
QUAIS SÃO AS
tenistas
QUE AS INSPIRAM:
AS
IRMÃS WILLIAMS.

Cori
já venceu Venus
em uma
PARTIDA!

Naomi
já ganhou de
Serena!

Naomi ganhou de Cori
no jogo de 2019.

No ano seguinte,
foi Cori que venceu Naomi.

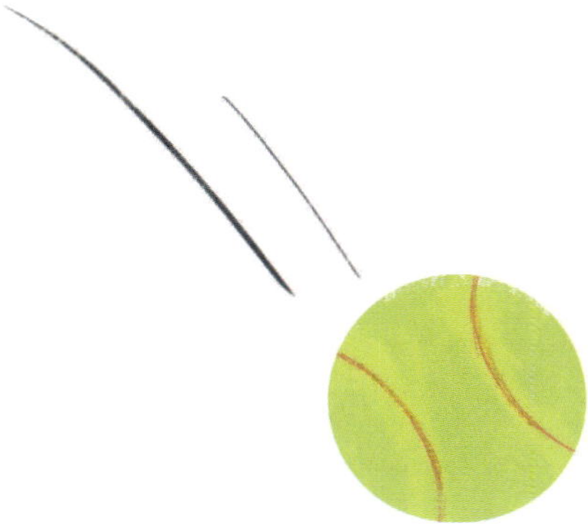

Adversárias no jogo, amigas na vida.

Greta

& vanessa

Ela se descreve como ativista climática e ambiental com autismo. É conhecida mundo afora por cobrar das autoridades globais menos blá-blá-blá e mais (muito mais!) ação na defesa do nosso planeta.

O tom conciliador não torna sua mensagem menos enfática: é preciso agir já. Ainda jovem, tornou-se uma importante ativista ambiental. Decidiu não ficar de braços cruzados diante da realidade do seu continente, a África.

GRETA THUNBERG

Suécia, 2003

Vanessa Nakate

Uganda, 1996

2021

Greta e Vanessa já eram amigas e colegas de ativismo quando chegaram em Milão, na Itália, após o período mais crítico da pandemia de covid-19. As duas se juntaram a outros jovens de vários países para debater propostas e depois levar as sugestões à Conferência das Nações Unidas sobre Mudança do Clima (COP26), que seria realizada um mês depois, em Glasgow, na Escócia.

O discurso de Vanessa foi aplaudido de pé. Ela falou sobre as consequências terríveis dos desastres naturais cada vez mais comuns na África devido às mudanças climáticas, e lembrou que o continente é responsável por menos de 4% das emissões globais de gases de efeito estufa. No fim, ao falar das tragédias enfrentadas pelas populações mais pobres, Vanessa chorou. Foi consolada por Greta, que lembrou a todos que não existe um planeta B. Elas estavam juntas na mesa do evento, assim como estão unidas pela mesma causa — e "causando" em todos os lugares por onde passam.

Greta foi diagnosticada com autismo aos doze anos. Ela considera que a síndrome é seu superpoder. Uma das características de quem tem essa condição é o hiperfoco, um grande interesse por determinado assunto. O dela é o meio ambiente.

A jovem sueca chamou a atenção do mundo por fazer greve escolar uma vez por semana para ir protestar sozinha na frente do Parlamento. Com cartazes, alertava sobre a emergência climática e exigia mais comprometimento dos líderes políticos.

Essa ação virou um movimento que se espalhou pelo mundo e ganhou o nome de *Fridays for Future*, as sextas pelo futuro.

O engajamento de Vanessa começou quando viu, em choque, a devastação causada por um período de seca seguido de fortes chuvas em Uganda. De uma menina tímida, que tinha dificuldades para falar em sala de aula, ela passou a compartilhar suas preocupações com o mundo inteiro.

Ficou famosa pela coragem de denunciar o racismo de uma agência de notícias que cortou sua imagem numa foto onde ela aparecia ao lado de ativistas brancas da Europa.

Em seus discursos, textos e entrevistas, usa os termos **justiça ambiental** e **racismo ambiental.** Acredita que o combate ao aquecimento global também passa pela luta antirracista e pelos direitos das mulheres.

Nós estamos vivendo o começo de uma extinção em massa. E vocês só sabem falar de dinheiro e de contos de fadas sobre um crescimento econômico eterno. Como se atrevem?

(Trecho do discurso de Greta para líderes mundiais no 50º Fórum Econômico Mundial, em Davos, Suíça, 2019)

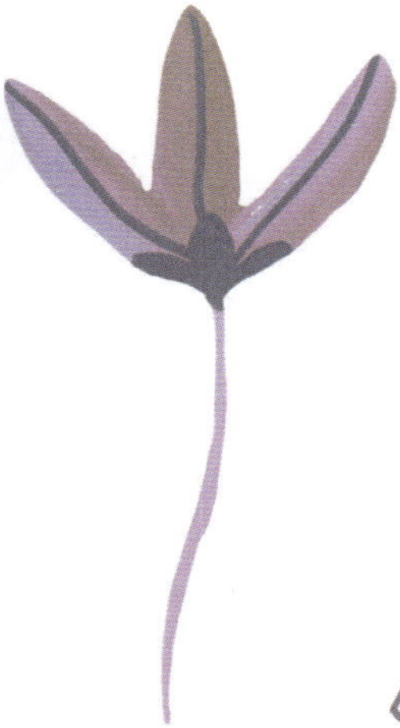

A humanidade
não será
salva
com promessas.
Demonstrem que
são
confiáveis.
Demonstrem sua
honestidade.
Estou aqui para dizer:
provem que estamos
errados.

(Trecho do discurso de Vanessa para líderes mundiais na COP26,
em Glasgow, Escócia, 2021)

Vanessa se inspirou em Greta para começar.

Greta se inspira em Vanessa para seguir.

A HORA É AGORA!

QUEM SÃO AS *amigas* DA SUA HISTÓRIA?

Amigas pelo mundo

SUÉCIA
RÚSSIA
DINAMARCA
ALEMANHA
FRANÇA
IRAQUE
(ANTIGA BABILÔNIA)
UGANDA
VIETNÃ
AUSTRÁLIA

Agradecimentos

Obrigada, Catarina Matere, pela dica sobre as irmãs Trung encontrada em um livro da biblioteca de sua escola, no Canadá; Gláucia Fraccaro pela ajuda bibliográfica sobre a dupla Alexandra & Clara; Roberta Cirne Lima, por nos avisar sobre o jogo emocionante das amigas tenistas; Daniela Vianna, pelas informações da Conferência das Nações Unidas sobre Mudança do Clima relacionadas à nossa última dupla de amigas, Greta & Vanessa; Thiago Cotta, Sumário Santana, Joésia Maria, Marina Esther e Marlene Imaculada, pelo apoio para que a Amma conseguisse desenhar as ilustrações do livro depois de uma cirurgia; Iara Santana e Tarsila Kalil, por serem nossas primeiras leitoras; Nathália Dimambro, Gabriela Tonelli e toda a equipe de checagem e edição da Seguinte, pelo cuidado e afeto na preparação do livro; e a todas as pessoas que nos contaram o que sentiram com a leitura do *Amigas que se encontraram na história vol. 1*.

Entrevista com as autoras

1. Além de tratar sobre grandes amigas da história, este livro nasceu da amizade entre duas mulheres incríveis. Quais são as vantagens e os desafios deste trabalho em conjunto?

Angélica e Amma: A gente adora trabalhar juntas, pois vemos o mundo de forma muito parecida e pela lente do feminismo, então a mensagem que queremos passar é a mesma. Apesar de sermos de cidades e estados bem diferentes, nós temos muitas coisas em comum, inclusive, no *Amigas 1*, contamos isso!

A principal vantagem da nossa criação em conjunto é que o trabalho de uma complementa o da outra e trocamos sugestões e sensações durante o processo todo. O desafio neste tipo de parceria é que a gente consiga influenciar e inspirar uma à outra, mas respeitando o limite do que é decisão criativa de cada uma.

2. Durante a criação, o que vem primeiro: texto ou ilustração? Como é o diálogo entre vocês nessas duas partes do processo?

Angélica e Amma: Difícil responder, pois é uma mistura. O texto precisa das ilustrações e as ilustrações precisam do texto. No começo a gente vai trocando muito as ideias, os escritos e os desenhos até achar um tom e um traço que combinem entre si. Depois disso, o que acontece mais é a gente se empolgar e ficar mostrando uma para a outra o que fez. Ou ficar elogiando os feitos das personagens quando descobrimos algo novo e pensando juntas como colocar aquilo no papel.

3. O livro reúne mulheres de diferentes origens e etnias, e muitas delas tiveram suas biografias esquecidas. Como é investigar essas histórias apagadas ou repletas de lacunas? Alguma das pesquisas deste volume foi particularmente desafiadora?

Angélica e Amma: Neste volume 2, a pesquisa mais difícil foi a das irmãs Trung, pois elas viveram há mais de 2 mil anos e se rebelaram muito contra a ordem estabelecida pelo patriarcado. O mesmo aconteceu, no volume 1, com as indígenas Bartolina e Gregoria, que se opuseram aos invasores do território onde viviam. A punição dessas quatro mulheres não foi apenas a morte, mas o banimento quase total dos registros históricos. Por isso, para nós foi uma questão de honra juntar os pedacinhos do que sobrou — e de todas as outras duplas — e montar o quebra-cabeça sobre a vida, os feitos e a relação de cumplicidade delas. A emoção que sentíamos nesses momentos está compartilhada no texto e nas ilustrações.

4. Há alguma dupla de amigas sobre a qual gostariam de ter escrito mas que não foi possível por não encontrarem material suficiente?

Angélica e Amma: Teve um trio de amigas que aparece em uma foto maravilhosa, datada de 1885. Anandibai Joshi, da Índia, Keiko Okami, do Japão, e Sabat Islambouli, da Síria, foram fotografadas vestidas com trajes tradicionais quando cursavam a Faculdade de Medicina Feminina da Pensilvânia, nos Estados Unidos. Ao que tudo indica, elas foram as primeiras mulheres de seus países a se formarem médicas. Infelizmente, não conseguimos encontrar nenhuma informação a respeito da amizade entre elas...

5. Ao mergulharmos na história dessas personagens históricas, muitas vezes nos reconhecemos em características delas ou fatos de sua trajetória. Vocês se identificaram com alguma das perfiladas em especial?

Angélica: Eu me identifico muito com a Olympe de Gouges. Não apenas por seu trabalho como escritora. Ela queria que a situação das mulheres mudasse mais rápido do que a história permite para nós e não se conformava com este sexismo eterno. Eu sinto o mesmo.

Amma: Depois de conhecer cada história, eu tenho muito apreço por todas elas. Tenho um misto de identificação com a Frida e seu amor pelas pinturas, com a Nise e seu desejo de mudança e com a Nina Simone por desbravar seu caminho.

6. Enquanto produziam este livro, o primeiro volume da série venceu o Jabuti, o mais tradicional prêmio literário do país, na categoria juvenil. Como vocês receberam a notícia do reconhecimento pelo trabalho de pesquisa e criação?

Angélica e Amma: Foi uma gritaria! Como moramos em cidades diferentes, a gente ficou pulando cada uma na sua casa com o celular na mão! É uma grande alegria receber esse reconhecimento no nosso primeiro livro publicado juntas. O prêmio valida a dedicação, o amor e o respeito com que enxergamos a história das mulheres, a educação e o público juvenil. Não vamos esquecer esse dia.

7. Se pudessem conhecer qualquer uma dessas mulheres, independente do período histórico, quem seria?

Angélica: Todas!!! Mas se tivesse que escolher uma dupla seria a Tapputi e a Ninu, pois eu adoro arqueologia e tenho muita curiosidade em saber como era a vida nessas civilizações tão antigas e tão avançadas ao mesmo tempo.

Amma: Olha, adoraria ver o mundo da Tapputi e da Ninu e me esbaldar no Harlem com a Ella Fitzgerald (rsrs).

8. Para as leitoras e os leitores que gostariam de continuar viajando na história, quais caminhos de pesquisa vocês recomendariam?

Angélica: Dá para começar com as fontes de pesquisa que colocamos no livro e, a partir delas, criar os próprios caminhos. Quando a gente vibra com algo que encontrou, é sinal de que a pesquisa está rendendo e indo na direção certa.

Amma: Eu escutaria as músicas dessas mulheres, leria seus trabalhos, contemplaria suas artes, estudaria seus períodos históricos e o mais importante: me inspiraria em cada uma delas.

9. Por fim, que livro vocês recomendariam para uma melhor amiga?

Angélica: Pode três? *O cálice e a espada*, da Riane Eisler, *Um defeito de cor*, da Ana Maria Gonçalves, e *Enreduana*, do Roger Mello e da Mariana Massarani.

Amma: Difícil, hein. Pode o *Amigas*? Acho que indicaria o último que me tocou, *Cem: O que aprendemos na vida*, de Heike Faller.

NOSSA PESQUISA

TAPPUTI & NINU

KASS-SIMEON, Gabriele; FARNES, Patricia. *Women of Science: Righting the Record.* Bloomington: Indiana University Press, 1990.

MAGGS, Sam. *Wonder Women: 25 mulheres inovadoras, inventoras e pioneiras que fizeram a diferença.* São Paulo: Primavera Editorial, 2017.

RAYNER-CANHAM, Marelene; RAYNER-CANHAM, Geoffrey. *Women in Chemistry: Their Changing Roles from Alchemical Times to the Mid-Twentieth Century.* Filadélfia: Chemical Heritage Foundation, 2005.

TSJENG, Zing. *Forgotten Women: The Scientists.* Sydney: Hachette Australia, 2018.

NHI & TRAC

ENCYCLOPEDIA BRITANNICA. Site. Disponível em: <britannica.com>.

MAGGS, Sam. *Girl Squads: 20 Female Friendships that Changed History*. Il. de Jenn Woodall. Filadélfia: Quirk Books, 2018.

OLYMPE & SOPHIE

BOCQUET, José-Louis; MULLER, Catel. *Olympe de Gouges*. Rio de Janeiro: Record, 2014.

GORDON, Charlotte. *Mary Wollstonecraft & Mary Shelley: Mulheres extraordinárias: as criadoras e a criatura*. Rio de Janeiro: Darkside, 2020.

KALIL, Angélica; FONSECA, Mariamma. *Você é feminista e não sabe: Entrevistas ilustradas*. Belo Horizonte: publicação independente, 2017.

MARIA ANTONIETA, filme dirigido por Sofia Coppola. EUA/ França/ Japão, 2006. 123 min. 14 anos.

MORIN, Tania Machado. *Virtuosas e perigosas: As mulheres na Revolução Francesa*. São Paulo: Alameda, 2014.

ALEXANDRA & CLARA

BREEN, Marta; JORDAHL, Jenny. *Mulheres na luta: 150 anos em busca de liberdade, igualdade e sororidade*. São Paulo: Seguinte, 2019.

EVANS, Kate. *Rosa Vermelha: Uma biografia em quadrinhos de Rosa Luxemburgo.* São Paulo: Martins Fontes, 2007.

KOLLONTAI, Alexandra. *Autobiografia de uma mulher comunista sexualmente emancipada.* São Paulo: Sundermann, 2007.

AS ORIGENS comunistas do 8 de março. Maria Lygia Quartim de Moraes. TV Boitempo. Disponível em: <youtu.be/bL5ZiCA5qTk>.

URSO, Graziela Schneider (Org.). *A revolução das mulheres: Emancipação feminina na Rússia soviética.* São Paulo: Boitempo, 2017.

GERDA & LILI

EBERSHOFF, David. *A garota dinamarquesa.* Rio de Janeiro: Rocco, 2016.

A GAROTA DINAMARQUESA, filme dirigido por Tom Hooper. Reino Unido/ EUA/ Alemanha/ Dinamarca/ Bélgica/ Japão, 2015. 100 min. 14 anos.

HOYER, Niels. *Lili: A Portrait of the First Sex Change.* Londres: Canelo, 2014.

FAITH & JESSIE

THE AUSTRALIAN WOMEN'S REGISTER. Site. Disponível em: <womenaustralia.info>.

JESSIE STREET NATIONAL WOMEN'S LIBRARY. Site. Disponível em: <nationalwomenslibrary.org.au>.

KALIL, Angélica; FONSECA, Mariamma. *Bertha Lutz e a Carta da ONU.* Cor: Faw Carvalho. São Paulo: Veneta, 2021.

NATIONAL MUSEUM OF AUSTRALIA. Site. Disponível em: <nma.gov.au>.

SCHATZ, Kate. *Mulheres incríveis: Artistas e atletas, piratas e punks, militantes e outras revolucionárias que moldaram a história do mundo.* Il. de Miriam Klein Stahl. Bauru: Astral Cultural, 2017.

UN NEWS. Site. Disponível em: <news.un.org>.

ELIZETH & SARAH

CABRAL, Sérgio. *Elisete Cardoso: Uma vida.* São Paulo: Lazuli; Companhia Editora Nacional, 2010.

CASTRO, Ruy. *Chega de saudade: A história e as histórias da bossa nova.* São Paulo: Companhia das Letras, 1990.

ENCICLOPÉDIA ITAÚ CULTURAL. Site. Disponível em: <enciclopedia.itaucultural.org.br>.

LORRAINE & NINA

FAVILLI, Elena; CAVALLO, Francesca. *Histórias de ninar para garotas rebeldes: 100 fábulas sobre mulheres extraordinárias.* São Paulo: V&R Editora, 2017.

HODGES, Kate. *Mulheres notáveis: Conexões inspiradoras entre mulheres nas artes, na política, nas ciências e no esporte.* Il. de Sarah Papworth. São Paulo: Publifolha, 2018.

NATIONAL THEATRE. Site. Disponível em: <nationaltheatre.org.uk>.

PERRI, Imani. *Looking for Lorraine: The Radiant and Radical Life of Lorraine Hansberry.* Boston: Beacon Press, 2018.

WHAT HAPPENED, Miss Simone?, documentário dirigido por Liz Garbus. EUA, 2015. 121 min. 12 anos.

CORI & NAOMI

COCO GAUFF. Rede social. Disponível em: <instagram.com/cocogauff>.

NAOMI OSAKA vs Coco Gauff: A Night to Remember. US Open Tennis Championships. Disponível em: <youtu.be/9zAqdV-F489k>.

NAOMI OSAKA. Site. Disponível em: <naomiosaka.com>.

NAOMI OSAKA: Estrela do tênis, série dirigida por Garrett Bradley. EUA, 2021.

REVISTA TÊNIS. Site. Disponível em: <revistatenis.uol.com.br>.

GRETA & VANESSA

CLIMATE Activist Vanessa Nakate at COP26: "Humanity Will Not Be Saved by Promises". UN Climate Change. Disponível em: <youtu.be/XeLWEbvXzSA>.

GRETA Thunberg (Young Climate Activist) at the Climate Action Summit 2019 — Official Video. Organização das Nações Unidas. Disponível em: <youtu.be/u9KxE4Kv9A8>.

GUIA DO ESTUDANTE. Site. Disponível em: <guiadoestudante.abril.com.br>.

TIME. Site. Disponível em: <time.com>.

UN WOMEN. Site. Disponível em: <unwomen.org>.

FSC
www.fsc.org
MISTO
Papel produzido a partir de fontes responsáveis
FSC® C011188

A marca FSC® é a garantia de que a madeira utilizada na fabricação do papel deste livro provém de florestas que foram gerenciadas de maneira ambientalmente correta, socialmente justa e economicamente viável, além de outras fontes de origem controlada.

Esta obra foi composta por Carol Rossetti em Sasson Primary e impresso em ofsete pela gráfica Santa Marta sobre papel Alta Alvura da Suzano S.A. para a Editora Schwarcz em agosto de 2022